JN440632

이 석 시집

오늘의문학사

동강

◆序詩◆

보이지 않는 사랑을 볼 수 있는 것은
들리지 않는 사랑을 들을 수 있는 것은
느낄 수 없는 사랑을 느낄 수 있는 것은
가버린 사랑이 아름답기 때문입니다

숨을 쉴 수 없는 화사함이 꽃잎으로 지는 것도
벅차게 달큰했던 세월이 낙엽으로 내리는 것도
절정의 순수가 아름답기 때문입니다

가슴에서 지는 것을 애절하게 보내야 하는 것도
떠나간 자리마저 눈물나게 아름답기 때문입니다.

2012. 7. 27 치악산 자락에서.

차례

1부 회색 그리고 저편

2부 하얀 그리고 그림자

3부 바람 그리고 노래

4부 절정 그리고 순수

제1부

회상 그리고 저편

통증 1

희뿌연 무서리 비껴가며
거칠게 달려오던 그대 자리 틀기 위해
검붉게 굳어가던 가슴 한켠 도려내도
행복하고 행복하고

희뿌연 무서리 털어가며
거칠게 달려왔던 그대 품기 위해
수천 번 수만 번 아린 상처도
감사하고 감사하고

깃털만큼 가벼운 바람
허공중에 낱낱이 부서져 버렸어도
떠나버린 빈자리의 통증이
아름답고 아름답고.

통증 2

가볍다
너무 가볍다
영혼의 수정마저 마쳐버린
떠나가는 꽃잎도
부서지는 잎사귀마저

눈부시게 아름다운 것들은
자꾸 내려놓는데

두꺼워지는 누더기에
깊어가는 가슴의 통증은
늦가을 석양의 징한 각혈이다.

통증 3

지지리 긴 계절을 보내고도
하필 차디찬 거리에서 부서지는
고추잠자리 날개

눈부시던 계절이
환장하게 나풀거리는데
뼈마디가 저려온다

시뻘건 석양에 묻혀버리기 전에
갈 곳을 찾아야지.

통증 4

미친 낙엽이 진다

뒤돌아볼 누구 없다고 해도
이렇게 바람이 부산한 날에는
누군가 불러보고 싶다

바람을 마주한 길 위에서
구르다 부서져버릴 이름이라도

서걱서걱 침식되어가는
몸뚱이 묻어가며
남아있는 호흡으로
따숩게 불러보고 싶다

맑아서
너무나 해맑아서
서러워 죽고 싶은 날

누군가
애타게 불러보고 싶다.

통증 5

하늘이 먹먹하다

내려다보는 너도
올려다보는 나도 걱정스럽다

다 삭혀내지 못한 것들이
다 뱉어내지 못한 것들이

멍하니 먼 산을 바라보다
헛디뎌 버렸다
아린 눈물이 난다

겨울비가 내린다.

통증 6

더는 이 가슴에서
피워 올릴 수가 없습니다

더운 영혼으로도
실한 잎사귀로도

고개를 떨구어버린
깊은 바다여

무중력 상태에서
각질을 벗겨내고 있는
눈부신 바다여

더 이상 피우지 못하는
마른 꽃자리를 보는 것은
황홀합니다.

통증 7

아찔하게 녹슬어가는 철근 끝에
수건이 펄럭입니다

거칠어만 가는 시린 삶
구석구석 닦아주며
비틀리고 바래졌어도
깊은 한숨 한 번에
곱게도 녹슬어 갑니다

아슬하게 저물어가는 계절 끝에
육신이 펄럭입니다

거칠게 비틀리고 바래진대도
한 번쯤 누구 이마에
누구 목덜미에 깊은 한숨 닦아주며
곱게 녹슬어가고 싶습니다.

통증 8

찬바람이 독하게 분다

상처를 주는 놈은
상처를 보듬을 줄도 알아야지

온몸을 얼릴 수 있는 놈도
온몸을 녹일 수 있겠지

반
드
시.

통증 9

늙은 고양이가 찬바람 끌어안고
역전교차로에 누워있다
앙상한 잿빛 저녁은 뼈마디를 드러내고
겨울은 교차로에서 멈춰버렸다
벌써부터 내리던 싸락눈은
표정 없이 쌓여가고
붉은 신호등만 껌벅이며 흐느낄 뿐

하얗게 쌓여가는 슬픈 길 위를
미친 헤드라이트가 싸늘하게 기어간다.

통증 10

사진 속 벌거숭이 웃고 있다
여리디 여린 웃음

모서리마다 누렇게 닳아
창백해져가는 아련함

덕지덕지 세월의 검버섯이
얼룩으로 피웠어도

흑백의 벌거숭이 여전히 웃고 있다
태초의 순수가 웃고 있다

바보 같은 세월이 숨겨 놓았던
흑백의 그 사람
참 좋다.

통증 11

모서리가 깨진 돌로
벽을 쌓는다

조각만큼의 바람이
외로움을 만들고

외로움의 모양으로
가슴을 도려내어

그 벽에
화석으로 굳어간다.

통증 12

펄떡이던 고향 그림자가
맥없이 넘어진다

애절하게 익숙했던
바람 발자국소리
지천으로 여린 꽃그림자
거칠던 고함소리마저도

가슴에서 토막토막 도려져 내리고

낯선 그림 속에
배회하는 안쓰러운 그림자.

통증 13

영혼을 잃어버린 풀 위에
바람이 눕는다

얼어가는 잔에 술을 마시며
흔들리지 않을 독한 사랑을 꿈꾼다.

통증 14

만취한 바람이 산을 내려가고서야
붉은 외로움이 지고 있었다

풀어헤친 온산의 살점과
지독히 고독한 물소리와
산비둘기 울음소리 찾았다면

살포시 보듬어
겨울 산을 내려가시오.

제2부

하얀 그리고 그림자

통증 15

세상의 모든 절벽은 아름답다

절벽을 지키려는 키 작은 그들을 사랑한다

잘나지 않은 것이
채우지 않은 것이
아슬한 어우름이

사납게 후려치는 바람 앞에
가녀린 당당함에
저리게 감사하다.

통증 16

누구나 사람일 수 있고
누구나 사람일 수 없다

기름 위에 떠서 섞일 수 없는
마블링으로 흐른다

너무 많은 진화로
나를 찾을 수가 없다

더부룩한 속에서
또 하나의 회충이
빠져 나간다.

통증 17

숨은그림찾기에
오십년을 넘겨버렸다

돋보기를 쓰고서야
뿌연 길을 보았다

희끗한 세월
그놈 참 얄궂다

계절 끝에 서서 이제사
웃고 있는 허수아빌 닮으려 한다.

통증 18

투둑투둑 산이 부러졌다

동짓달 바람 끝이 시퍼렇다
희끗희끗 하늘이 늙어가고
구천을 떠도는 삭정이가
슬프다

온 산이 폭설주의보다.

통증 19

술잔 속에 하늘을 빠트렸다

취해버린 하늘이 눈을 퍼붓는다
젖지 않는 폐가는 실성해 버리고
미칠 듯이 저문 강이 짖어댄다

폐부 깊숙이 담배 연기를 빨아들이며
길도 없는 길을 비틀거리며 걸어간다.

통증 20

퇴적되어가는 풍경이 들어온다

심장이 멎어버린 도시에
흠집 난 마네킹만 뒷골목에서 덜그럭대고

험한 도둑고양이
비린 거리의 그림자를 물어뜯고

폐결핵의 하늘
기침소리 멎어가는 날
검붉은 노을 한 점이
영안실 창틀에 끼어든다.

통증 21

노오란 갓등이 흔들린다

현기증이 그을음을 일으킨다
머리끝이 저린다

블루스가 느리게 흐른다
느리게 슬프다

무중력한 침묵 속으로
빈 술병이 넘어진다.

통증 22

빈가지로도 충분히 고독했다

어스름 저녁에 이토록
정신없이 퍼부어주는 눈이라면

묵었던 수천만 개의 상념이
발끝을 홍건히 적신다

분간할 수 없는 길에서
수천만 개의 눈송이와
수천만 개의 상념과

오늘만큼은 용서받을 수 있는
독한 술 한 잔에
얼큰한 가슴을 녹여본다.

통증 23

애잔한 잿빛 그림자가
산을 보듬는다

가난한 겨우살이는
얼어가고

깊고 깊은
사랑이 시작된다.

통증 24

힘들었을 텐데

마른 어깨 위로 간신히
드러눕는 그대에게
내어줄 무엇도 없어
가슴이 아픕니다

외로웠을 텐데

마른가지 더듬거려 봐도
같이 흔들릴 수 없는
빈 몸뚱이라서
미안합니다

꽃피고 지는 그날까지
버틸 수만 있다면 버텨보지요.

통증 25

세상의 길은
항시 그 길이 언다

그 길에서 아슬하게 더듬거리며
꼭 그 사람이 넘어진다

해마다 안쓰럽고 힘든 길은
해마다 힘들고 안쓰러운 사람은
맥없이 얼어붙고 넘어지고

넘어야 할 언덕길도
내려가야 할 고갯길도
아직 한참인데

하얗게 눈은 퍼붓고
하얗게 길이 또 언다.

통증 26

모진 겨울안개 사이로
화장기 없는 여인이 걸어온다

꽃보다 더 화려한 꽃으로
풀보다 더 싱싱한 풀로
아무것도 걸치지 않은
완벽한 나신의 서정

이 황홀한 풍경 앞에서는
잠시 세월이 멎어도 좋다.

통증 27

날선 눈보라에
설해목이 부러진다

부러진 만큼의
아픈 그림자가

흰눈 위에 처연하다

피보다 더 깊은
하얀 그리자를 보듬다가

잘려나간 고통보다 더
깊은 고통을 들었다

허허로운 산중에
목쉰 바람소리 그득하다.

통증 28

설달인데 비가 내린다

다 내려놨다 했는데
빈 가지 사이로
겨울비가 내린다

겨울비는 내리는데
젖어가는 심장 위로
독한 술이 내린다

다 내려놨다 했는데
아직 벗지 못한 못난 허물

섣달 밤인데 비는 내리고
허물 위로 독한 술은 내리고.

통증 29

이토록 시나브로 눈발 날리면
환장하게 슬픈 무채색 언덕배기

하얀 바람소리만 들려도
명치끝이 시려오고

까맣게 어두움만 내려도
그렁그렁 걱정이 웅크린다

아그들 마알간 도란거림이
옹색한 골목으로 새어나오는

따뜻한 슬픔이 절룩거리는
무채색 언덕배기

참말로 다디단 꿈만 내려라.

통증 30

걸어두었던 등짝 어디쯤부터
좀이 먹기 시작했다

양질의 살점이 뜯겨나간 자리에
독한 나프탈렌이 어슬렁대고

야위어가는 영혼이
습한 구석에서 기어 나온다

눈 감았다 뜬 사이
아주 잠깐 머문 길목인데

허망허망 구멍 난 영혼이
헛개비로 걸어간다

노랗게 현기증이 걸어간다.

통증 31

긴급재난 속보에서 내리는
강풍을 동반한 폭설이 험하다

걸어왔던 모든 흔적을
하얗게 지워버린다

좌로 불던 바람이던
우로 불던 바람이던

그 독한 바람이

간절히 버텨온 사람 하나
지워버릴 기세다

하얗게
흔적도 없이.

제3부

바람 그리고 노래

통증 32

익모초만큼 쓰디쓴 사람들과
진드기만큼 독하게 갉아대는 말들과
무중력의 느낌들이 터질 것 같은 감옥에서
미쳐가는 영혼을 탈옥시킨다

냉기 가득한 언덕을 더듬거리며
사람이 없는 숲으로
말이 없는 숲으로

지저귀거나 흔들리거나
표정 없이 서 있어도
웃어줄 때 웃어주고
울어줄 때 울어주는 곳에서

못난 어깨 한번 쭉 펴고
반나절 양지쪽 삶이면 좀 어떤가

오늘도 난 미친 탈옥을 꿈꾼다.

통증 33

취한 내 영혼이
가보지 못한 곳이 참으로 많다

더운 니속도 들어가 보지 못하고
옹색한 내속도 들어가 보지 못하고
요란한 세상 속도 들어가 보지 못하고

스쳐가는 바람 소리에
그저 속울음으로 비켜서서

하염없이
야위어 갈 뿐이다.

통증 34

꽃잎이 진다
세상 모든 꽃잎은 진다

무덤으로 가는 길 가운데로
그리 서두르며 지는 것은 뭔가

가생이 길
맨 가생이 길로 휘적휘적 구경삼아
지는 것은 어떤가

세상 모든 꽃들은 진다.

통증 35

빗속으로 비가 내린다
젖은 내 몸속에서
발정 난 새가 날아간다
오그라들었던 손발이 펴지고
흐리게
땅과 하늘이 뒤엉킨다.

통증 36

가슴속까지 퍼붓던 폭설이
바람결 위에서 죽었다

눈물나게 추워서
야윈 어깨를 떨다가

애처롭게 파고드는 눈꽃에게
매운 사랑을 배웁니다.

통증 37

포장마차에 뜬 취한 달은
참으로 달다

수시로 들락거리는 바람마저
이런 밤에는 정겹다

자꾸 결려오는 옆구리에
늙어가는 고향이 보인다

영락없이 눈이 내린다.

통증 38

죽을 만큼 외로운 나무에
그저 홀로 매달린 채

아직 남아 있는 단내
쪼아주길 원했다

가만히 있어도 허기지는 계절
여러 날 굶었을 가난한 새에게
애틋한 피돌기로 쪼이기를

그저 홀로 매달린 채
죽을 만큼 외로운 침묵

노을 속으로
붉은 눈물 하나 진다.

통증 39

기침소리가 잦아들고
물의 고통이 녹아내렸다

물의 마음 안과 밖이
수선스럽다

오랜 침묵의 해빙이
죽어가던 산그늘을 휘감는다

거침없는 흐름이
눈부시다.

통증 40

시퍼렇게 내달리던 솔가지가 부러졌다

통증의 고통보다
내몰리는 거친 솔바람에
영혼이 으스러진다
기억할 수 없는 징한 푸르름이
남아있던 척추를 밟아버렸다

무심한 숲은
늘 무섭게 침묵한다.

통증 41

조근조근 봄비 젖어가는
사월 언덕에서

애기 손바닥만 한 넉넉한 슬픔이
철퍼덕철퍼덕 가슴을 친다

손톱만큼의 슬픔도 내려놓지 못하는
옹색한 가슴 위로

미칠 듯
하얀 목련이 진다.

통증 42

긴 추억을 싣고 기차가
굴 속으로 여행을 떠나갔다

아픈 너도 추억을 싣고
뜨건 굴 속으로 여행을 떠난다
기적 소리도 없이

굴 밖에는 맥없는 바람 소리만
축축하다.

통증 43

징하게도 붉게 자지러지던
그대 절정 위로 비가 내린다

환장하게 멋드러진 날에는
짜릿하게 죽음에 취하고

이토록 붉은 비가 목젖을 후벼파며
침묵의 응어리를 스치면

늦은 봄 어스름에
개꽃이 진다.

통증 44

— 안골 기삼이

토담을 사랑했던 찔레가
찔레를 사랑했던 기삼이가

싱싱한 봄날 아침에
웃고 있네요

마흔을 넘긴 토담 끝에서
마흔을 넘긴 기삼이가

쓰러질 듯 사랑한 찔레꽃으로
세 살짜리 시리디 시린 하얀 미소를

다 늙어버린 명치끝에서
마디마디 너울이 이네요.

통증 45

누군가의 가슴에 양식을 심어 봤는가

시들어가는 여린 가슴에도
개꽃은 피었다가
연분홍 사연만 흘려놓고
그렇게 개꽃은 지고요

사방에서 무심한 뜸부기는
가슴 저리게 울어대고요

듬성듬성 넋 나간 뻘논에
통곡하듯 양식을 심고요

뽑히지 않는 응어리 빼내듯
무겁게 발을 옮깁니다.

제4부

절정 그리고 순수

통증 46

아카시아 꽃향기는 허공에서
자지러지고

끝물의 봄날은 사방에서
발광하는데

워메 지 가슴에 설은
동산 하나 넘지 못하고

머물 수 없는 청춘의
아카시아 꽃향기여.
아카시아 꽃향기여.

통증 47

살다가 무심한 낫질에
마음을 베어 봤다면

잡초와 잡초 사이
무심한 낫질에도 베일 수 있는
여리디 여린 노란 풀꽃을 보라

험한 바람에도 아직 살아있어
그 바람 거스르며
당당하게 흔들리는

못나디 못난 키 작은
애기똥풀 꽃.

통증 48

적당히 이름표 하나 걸고
꼬물꼬물 기웃거리다

앞서거니 뒤서거니
어찌 아픔이라고
어찌 기쁨이라고
허허대며 잠이 든다

밝음과 어둠을 번갈아 가며
덕지덕지 혼돈과 위장으로
하늘 노랗게 흐릿해질 때

녹슬어가는 가슴 위로
비가 내린다.

통증 49

흐드러지는 개망초 사이로
여름눈이 내린다

흔들릴 때마다
한 움큼씩 세월은 가고

노련한 관능의 안개 속에서
별빛이 위태롭다

둥지를 잃은 붉은 새는
강으로 가고

부르지도 않은 고독한 노래는
여름 눈꽃 위에서 흩날리고

흔들릴 때마다 한 움큼씩
세월은 가고.

통증 50

새가 낮게 날고
마른 잡초가 허리를 꺾는다
이미 바람소리는 삭아버리고
흙담은 부서져 내린다

오래 곪은 개미떼가
죽은 조각을 물어 나르고
저물어가는 풍경이
자꾸 썩어간다

가문 노인의 무릎이 쑤신다
어둡기 전에 안간힘으로
일어나야 한다
삭은 바람이라도 붙들어야 한다.

통증 51

핏기 없는 구름이
좌우로 허둥댄다
목쉰 바람은
야윈 산허리 후벼 파고
걱정으로 타들어가던 산나리 꽃이
수선스럽다
풀기 없는 숲속으로
마른천둥이 친다
푸석해진 새들이 날개를 치고
벌겋게 열을 져몄던 산 그림자가
힘들게 일어난다

미치도록
맨살로
숨 가쁘게
젖어가는
산
아찔하게 교태롭다.

통증 52

오늘 부는 바람은
내일이면 그리워질 테고
오늘 만난 사람도
내일이면 그리워질 거다

속절없이 지는 꽃잎 앞에서
목 놓아 네 이름을 불러본다.

통증 53

서럽단다

벼락을 동반한 소나기 내리고
저리게 기어오르는 여리디 여린 것

마디마디 타고 흐르는
기막힌 사랑
한번 흔들릴 때마다
뿌리까지 스미는 깊은 통증

벼락을 동반한 소나기 내리고
아직도 기어올라야 하는
질긴 그림자

하늘 어디쯤에서
티끌로 사그라질
모질고 긴 여운.

통증 54

바람의 칼이
모질게 하늘을 베어낸다

깊은 통증의 소나기는 내리고
늙은 영혼의 아린 가슴이 샌다

통곡의 숲에서는 진통이 시작되고
저물기 전에 허방은 채워진다

풀잎도 마르기 전에
잠들어버린 바람 앞에서

모진 하늘은
노랗게 별을 헤아린다

고요한 눈물이다.

통증 55

머릿속에 온통
장마전선이 머무르는 동안

가슴 깊숙한 웅덩이 속
모기가 드글대더니

벌겋게 열꽃으로 피었습니다

술잔을 마주하고
아 북태평양 고기압
북태평양 고기압.

통증 56

약속 받은 시간이 다 지나갑니다
비어가는 가슴은 취해갑니다

먹먹한 하늘은 별 하나도
보여주지 못하고

어두움보다 더 어두운 밤에
사람보다 더 사람이 그립습니다

주체 못할 더운 비가 쏟아집니다

지금은 스쳐가는 바람이
핑계일 수 있습니다.

통증 57

하늘이 보이지 않던 아침에
맨발로 산을 넘어온 바람으로
머릿속이 써글댑니다

하늘 부딪치는 소란에
미친개들이 쓰러지고
제초제 먹은 풀들이 짖어댑니다

으그대던 도시의 문패는
날아가 버리고
도시의 개미떼가
썩은 부스러기를 찾습니다

북상하던 태풍은 죽었는데
아직도 보이지 않는 하늘이
두렵습니다.

통증 58

비어가는 술병은 끝내
먹장구름을 놓지 못하고

젖어가는 술잔과 내 어깨는
자꾸 버거워지고

비 울음에 감당 못한
나뭇가지 찢어지는 소리에

지친 새가 날아간다.

통증 59

상처가 깊은 새는 높이 난다

지 그림자를 쪼아대며
주린 영혼을 채워가는
길들일 수 없는 고독

너덜거리는 날갯짓으로
깊은 하늘을 가르며
눈물 한 방울도 호사스러운
지독히 패어가는 무덤

뉘엿거리는 붉은 하늘가에
깊어지는 산 그림자 닮아가는
이 허름한 미소.

통증 60

참을 수 없는 고통 앞에서는
그냥 웃지요

썩어가는 의식의 살점을 덮으려
거적을 둘러보지만
견딜 수 없는 초라한 악취

희끗희끗 죽어가는 내 폐가 위로
소나기가 퍼부어대고
젖을 대로 젖은 두려움이
깊이 잠겨버린다

온전히 바보가 되는 날
어미의 날개 밑이 그립습니다.

◆발문◆

일상에서 발견하는 경이로움

— 이석의 여섯 번째 시집 『통증』을 읽고

오 태 권

(시인, 연세대학교 교수)

시인 이석 형은 나의 오랜 선배이다. 그림을 전공하고 사람들에게 그림을 가르치고 있다. 말하자면 밥벌이로써의 직업이다. 삶에서 풍족함을 바라지 않는 그는 천상 시인이다. 이른바 그림 그리는 시인이다.

겉모습을 살펴보자면 우선, 그는 키가 크지 않다. 작은 것이 아니라 크지 않음이다. 그리고 그는 털털한 아저씨에 목소리도 중후한 중저음이다. 담배라도 한 대 피우면서 술 한 잔 하고 털어내는 그의 느린 말을 듣고 있자면 세상을 초월한 신선의 강론을 듣고 있는 듯한 착각에 빠진다. 그 순간 그를 둘러싼 세상이 느리게 흘러간다.

또한 그는 그 털털한 중년 아저씨의 겉모습 속에, 봄 새싹이나 가을 낙엽이라도 보이면 눈물을 뚝뚝 떨어뜨리는, 아직도 감상적인 처녀로 곱게 늙어가는 40대의 중년 여성이 들어있다. 시인의 눈에 비치는 세상의 모든 것들은 아름답고 경이로우며 서럽다. 그는 세상과 동화되어 살아가고 있으며 늘 이고 있는 하늘마저도 동질감을 느낀다.(5)

시인의 눈에 포착되는 사물들은 우리에게 보이는 일상의 사물들과 같다. 그러나 그의 눈에는 모든 것이 경이로움으로 인식된다. 시인의 눈에 보이는 수건은 유치환이 보던 노스탈자의 손수건도 아니며, 녹슨 철근 끝에 매달린 수건이다. 붉은 수건이다.(7) 누군가 손꼽아 기다리며 흔히들 '희망'이라는 메시지를 가득 품고 있는 드문 수건이 아니다. 오히려 위험으로부터 누군가를 보호하기 위하여 경고의 메시지로 보내는 수건이다. 괴물을 퇴치하느라 피에 절어 연인을 백일홍으로 만들어버린 우리나라 전설 속의 여성이 기다리던 수건이다. 그렇게 꽃이 되어 되살아나는 육신과도 같은 수건이다. 그래서 경건하다.

시인은 어느 순간 퇴락함을 더해주는 역전 교차로의 싸늘한 늙은 고양이가 되기도 하고, 사진 속에서 흐려져 가는 흑백의 사람이 되기도 하며, 애초부터 모서리 깨진 벽돌로 쌓아올린 벽이기도 하다.(9) 그래서 완성 뒤에 나타나는 영광과 환희가 없다. 함께 축복하며 떠들썩하게 성공을 축하하는 뒤

풀이가 없다. 끊임없는 영속성을 바탕으로 한 종시(終始)이다. 끝이라고 보이는 순간 새로운 시작으로 이어진다. 그래서 피로한 일상이다. 탐구자이자 수도승이다.

또 그는 배회하는 영혼이기도하다. 힘차게 펄럭이다 바람이 잦아들면 축 처지는 그렇게 맥없이 넘어지는 고향의 그림자를 안고 살아가는, 배회하는 영혼이다.(12) 그의 공간에는 바람이 눕고 술잔이 식어간다. 하지만 그 속을 세밀하게 들여다보면 겨울 모든 것이 다 얼어붙은 계절, 늙고 낡음을 위한 부동항을 닮은 지독한 사랑이 펄펄 끓고 있다. 시인의 내부 온도는 언제나 섭씨 100℃이다.(13)

무수히 많은 사물들 중 잘나지도 못하고 가득 채우지도 못하는 작은 것들의 당당함이 이석의 눈에는 아름답기만 하다.(15) 그래서 그는 채워지지 않는 가슴을 가지고 있다. 더 작은 것들을 품지 못할까 저어하며 언제나 열려있고 비어 있는 가슴이다. 세상이 자유로이 들어왔다가 자유로이 나가는 가슴, 너무 많은 것들이 채워지고, 소유하지 못한 채 하나씩 빠져나갈 때, 조금씩 줄어드는 무게로 인해 아프다. 하지만 그 부족함이 이석의 진화를 이루는 바탕이다.(16) 소피스트들이 철학을 할 수 있었던 전제가 부족함이었고, 신화의 주인공들이 신으로 좌정하기 위해 어쩔 수 없이 다른 곳으로 옮겨가서 세상과 싸울 수밖에 없었던 원인은 결핍이었다. 이와 같은 원리로 시인 이석은 스스로를 비워 내며 진화한다.

그렇게 비우고 비워 꼬챙이 하나에 천 한 조각만 남은 허수아비가 되어간다. 멋이라고는 머리에 얹고 있는 낡은 모자가 전부이다. 영악한 요즘 새들은 무서워하지도 않는, 오히려 새들의 휴식을 위해 두 팔을 내어 놓은 빈 들판의 허수아비이다. 삶에 취한 허수아비이다.(17) 살아 온 삶의 알곡은 시(詩)로 모두 빠져나가고 껍데기와 그림자만 퇴적되어, 낡은 영사기의 풍경이 되어 남아 있다. 그래서 느린 침묵만이 그를 둘러싸고 함께 남아 있다.(21)

그 영사기 속, 느리게 지나가는 장면 장면이 독한 술한잔의 가치로 등가교환 된다. 그렇게 스스로를 용서하며, 또 하나의 새로운 장면으로 퇴적되어 간다. 그래서 이석의 삶은 화석화되어 쌓인 지층처럼 살아왔던 세월의 흔적을 고스란히 보여준다. 맑고 투명한 술병처럼 깨끗하다. 숨김이 없다. 살아간다기보다는 견디어가는 것이며 버텨내는 것이다.

이석이 견디어가는 세상은 눈으로 덮여 온통 하얗고 순결하다. 그러나 시인은 이 순결함의 정체 뒤에 숨어 웅크리고 있는 찬 겨울, 메마르고 얼어버린 대지를 발견한다. 사람들이 하얀 눈을 보며 박수 칠 때, 태양의 열기를 반사시켜버리며 온기를 빼앗는 흰 눈의 잔인함을 포착하고 있다. 그래서 그는 아프다.(25) 화장기 없는 여인이 가진 냉정함의 비밀을 알고 있기 때문이다.(26)

끝은 새로운 시작임을 너무도 잘 알고 있는 시인은 세상의 모든 시간들을 쪼개서 그 틈을 발견한다. 다른 이들이 하나의 끝과 하나의 영광을 바꾸며 행복해 할 때, 결코 끝나지 않는 시간의 비밀을 간파한 시인은 시간을 정지시키고, 잠깐 머무는 길목에서 시인은 스스로를 떠나가는 영혼들을 배웅한다. 그래서 현기증을 느낀다.(30) 조금씩 다른 세계로 떠나보내고, 영혼들의 흔적이 사라지면 아마도 시인은 이 통증의 세상보다는 더 따뜻한 세상에 환생할 수 있으리라. 그 때는 시인보다는 아프지 않은 화가로 살 수 있으려나.(31)

시인은 영혼이 빠져버린 허망한 육신이 머무는 공간이 그리워지기도 한다. 그 공간은 다른 이들에게는 치열한 삶이자 세상이다.(32) 그러나 시인에게 그 공간은 다만 '사람'일 뿐이다. 나와 같이 있되 함께 있지 않는 사람들의 사이, 그 공간과 존재들이 그리워진다.(33) 그리움이 깔린 마음속에 질투와 시기 혹은 투쟁은 있을 수 없다. 더구나 치열한 경쟁은 있을 수 없다. 따라서 시인은 한 켠에 비켜선 채 공간 속으로 들어가지 못하고, 길 가생이에 서서 야위어 가기만 한다. 가치가 다른 세상을 놓고 공유할 수 없듯이 같은 길을 다른 방식으로 간다.

길은 더 이상 삶의 영역에서 멀어졌다. 사람들은 길을 오직 목표지점으로 가기 위해 그어진 선에 불과하다고 느낀다. 그래서 그들에게는 가장 빠른 방법으로 그 길을 지나치는 것이 바람직한 삶이 되어버렸다. 그러나 시인에게 있어서 길은,

비어 버린 영혼을 채울 수 있는 경이로움의 보고(寶庫)이다. 한발 한발 내딛는 것이 너무도 힘들다. 한걸음씩 옮길 때마다 변화하는 자아를 둘러싼 공간의 변화가 시인에게는 경이로움 그 자체이다. 영혼의 포식이다. 그래서 영혼이 채워지면서 느껴지는 포만감을 만끽하면서 갈 수밖에 없다. 깨달음이 커질수록 받아들이는 일상의 경이로움도 더 커진다. 그래서 점점 더 늦어진다. 한걸음이 백년이다. 다른 이들이 한달음에 목표지점으로 가서 치열하게 삶을 위해 싸우고 있을 때, 시인은 한걸음을 걸으며 백년동안 싸워도 얻을 수 없는 깨달음을 얻고 있다.

깨달음 속에 꽃이 피어난다. 시인의 눈에는 그래서 봄날의 화려한 꽃보다는 매서운 눈바람과 냉기에 피어난 눈꽃이 더욱 정겹다.(40) 눈꽃은 쓰러져 까치밥으로 열매 맺고, 찬 겨울 배고픈 중생들을 불러 모은다.(41) 그렇게 느리지만 꽉 찬 영혼의 깨달음과, 찬 계절 찢기고, 얼어터지고, 부러지고, 배회하며 시인의 한 장면은 겨우 지나간다. 그래서 흑백일 수밖에 없으며, 무채색일 수밖에 없다.

시인은 힘겹게 터널을 지나간다. 칠흑 같은 어둠의 터널을 지나도, 세상은 시인에게 쉽게 허락되지 않는 공간이다.(42) 굴 밖 붉은 비가 징하게 자지러지는데 그럼에도 침묵할 수밖에 없다. 명치 끝에 웅어리진 영혼의 무게 때문에 침묵하고, 아프고, 가슴저리다. 통증을 간직한 채 움 틔우는 영혼이 보인다. 세 살 박이 찔레의 하얀 웃음에서 저리디 저린 통증을 본다. 그래서 시인의 눈에 보이는 굴 밖 세상은 처연하다. 슬픈 영혼들의 잔치이다.

한편으로 시인의 눈은 순수하다. 영혼의 무게를 통해, 계절에 상관하지 않고 세상을 관조하는 순수함이 있다. 굳이 이름하자면 순수한 고통이라고 할까. 시간은 오로지 시간만을 낳아서 끊임없이 한 움큼씩 사라져가고 세상은 그만큼씩 삭아간다. 새로운 사물들과 생명들이 꼬물거리며 고개를 내밀고 있는데, 시인의 눈길은 그 교태로움의 뒷면 삭아내리는 낡은 장면을 보고 있다.(51) 밝고 화려한 세상의 헛헛함에 속지 않는다. 그래서 고통스러운지도 모른다. 산도, 바람도, 비도,… 조금씩 길고 짧음을 견주며 언젠가는 삭아 없어져 사라졌을 때의 그리움을 먼저 안다.(52)

무수히 오랜 시간을 감내하며 변함없이 서 있는 자연이 그 오램으로 비유되지만 그도 언젠가는 사라져 갈 존재임을 시인은 알고 있다. 그 모든 것들이 통증으로 다가온다. 저 하늘 높은 곳에서 시작된 통증은 바람을 타고 구름을 타고 가지 끝으로부터 뿌리 끝까지, 삭아가는 그림자의 마디마디에까지 이른다. 통증은 은유로 나타나 갖가지의 이름을 붙이고 있지만, 그 이름 하나 하나를 부를 때마다 서럽긴 마찬가지다.(53) 살아가는 것과 사라져 가는 것의 동일성을 시인은 안다. 모진 세월이다. 그래서 한 가지 고요히 눈물만 흘릴 수

밖에 없다.(54)

영혼이 비어버린 가슴이다. 그 깊은 웅덩이 속 빈자리에, 껍질 속에 고독이 채워진다. 같이 있되 함께 있지 않는 고독이다. 그렇게 채워진 고독의 고통이 참을 수 없어 오히려 웃을 수 있다. 아이러니다. 그래서 시인이 살아가는 삶은 아이러니로 가득 차 있다.

그렇게 잠깐 멈추었던 시간은 다시 흐른다. 더 이상 시간을 붙잡아 놓을 수도 없다.(54) 시간이 멈춘 동안 또 다른 시간이 잉태되어 주체할 수 없는 영혼의 무게로 다가오기 때문이다. 시간이 흐르기 시작하면 하늘도 보이지 않는다. 무한의 속도감에 어지럼증만 더하고 삭아가던 것들이 썩어간다. 영혼의 질량만큼 술의 질량이 교환되면서 가슴을 소독한다.(59) 자신의 가슴에 난 상처를 쪼아대는 새처럼, 스스로의 영혼을 쪼아댄다. 이미 중독되어 버린 통증으로 허름한 미소만이 남아 세상을 속이고 있다. 그렇게 새로운 세상을 꿈꾼다. 환생을 꿈꾼다. 어미의 날개 밑에서 통증으로 점철되었던 종시(終始)를 꿈꾼다. 시인의 여섯 번째 삶인 『통증』의 삶이 마감된다. 아마 시인은 다른 삶으로 환생할 것이다.

이석의 시는 비어버린 영혼을 채우기 위한 헛헛한 미소이다. 대단히 어두운 의미들이 중복되어, 읽는 이들을 이제껏 경험하지 못한 일상의 이면과 경이로움으로 이끌고 있다. 하지만 그 어둠이 칙칙하지 않다. 오래 묵어도 변하지 않고 광택이 나는 어둠이다. 흡사 옻칠을 닮았다. 검은 것 자체가 예술로 승화된다. 그 속에서 반짝이는 조개껍질 같은 경이로움이 숨어 있다. 그래서 아름답다. 이는 깨달음을 전제로 하기 때문이다.

깨달음은 특수한 경험을 기반하지 않는다. 일상 속에서의 오랜 궁구함이 깨달음을 안겨준다. 이석의 시가 그러하다. 우리가 흔히 지나칠 수 있는 일상의 세계들이 시인의 눈에는 궁구의 대상이다. 꽃을 보고 감동하기보다는 겨울의 냉기를 극복하고 죽지 않기 위해 자신의 분신을 남기고자 하는 사물을 열망을 포착하고 있다. 그것은 의식을 통해 시간을 당겼다 늘였다 하는 능력을 시인이 지니고 있기 때문이다. 그 관찰력이 부럽다.

통증

이 석 시집

발 행 일 | 2012년 10월 12일
지 은 이 | 이 석
발 행 인 | 李憲錫
발 행 처 | 오늘의문학사
출판등록 | 제55호(1993년 6월 23일)
주 소 | 대전광역시 동구 삼성1동 125-6 한밭오피스텔 401호
전화번호 | (042)624-2980
팩시밀리 | (042)628-2983
홈페이지 | http://www.lito77.co.kr(홈페이지)
전자우편 | hs2980@hanmail.net

공 급 처 | 한국출판협동조합
주문전화 | (070)7119-1741~2
팩시밀리 | (031)944-8234~6

ISBN 978-89-5669-522-8
값 8,000원